추천의 글

"흠뻑 빠져들어 읽었다. 저자는 넬슨 만델라의 정치적 통찰력과 관대한 성품을 완벽하게 포착해냈다. 탁월한 이야기꾼이다!"

모건 프리먼(Morgan Freeman)

"만델라의 천재적 면모를 쉽고도 아름답게 담아냈다. 점차 분열되고 있는 정치 환경에서 남녀노소 할 것 없이 누구든 꼭 읽어봐야 한다."

맷 데이먼(Matt Damon)

"이 책은 긴장감 넘치는 이야기를 통해 만델라의 화해 정신이 아파르트헤이트 이후 남아프리카공화국에 만연한 두려움과 폭력을 어떻게 압도했는지를 보여준다. 다름에 대한 편협한 인식이 세계적으로 증폭되고 있는 오늘날, 정치적 대치 상황에서 인간적 공감이 얼마나 훌륭한 해결책이 되는지를 새삼 깨닫게 해주는 시의적절한 책이다. 역사를 두 눈으로 직접 목격한 존 칼린이 썼기에 더 흥미롭다."

존 리 앤더슨(Jon Lee Anderson)_《뉴요커》작가,《체 게바라 - 혁명가의 삶(Che Guevara: A Revolutionary Life)》저자

"만화책이라고 해서 전부 천박한 재미만을 추구하는 건 아니다. 이 책은 만화책도 교육적일 수 있음을 여실히 보여준다. 또한 오리올 말레트의 그림에는 사람을 단번에 사로잡는 강렬한 힘과 아름다움이 있다. 언뜻 보면 대충 휘갈겨 그린 듯하지만, 그 뒤에는 뛰어난 화가이자 이야기꾼의 기량이 숨어 있다. 이야기 자체도 놀라우리만큼 매력적이고 가치 있다."

자말 아이글(Jamal Igle)_만화《몰리 데인저(Molly Danger)》저자, 만화《블랙(Black)》삽화가

"많은 사람이 만델라를 당대의 가장 위대한 인물이라고 추앙하면서도 당시 어떤 일이 있었는지, 어떤 위기가 있었는지는 제대로 알지 못한다. 칼린은 남아공이 실제로 대학살의 위험에 얼마나 가까이 놓여 있었는지, 만델라의 끝없는 노력과 전략, 신념, 분명한 목표 덕분에 그 비극적 운명이 어떻게 바뀌었는지를 간명하면서도 강력한 서사를 통해 확인시켜 준다. 역사는 고고한 사람들에 의해 만들어지지 않는다. 역사를 만드는 건 높은 말 안장 위에 앉아 근엄하게 내려다보는 사람이 아니라, 허리를 숙이고 해결책을 찾는 사람이다. 이 책이 주는 교훈은 우리 시대에도 여전히 유효하다."

토니 마르크스(Tony Marx)_뉴욕 공립도서관 관장 겸 최고경영인

"칼린의 강력하고 균형 잡힌 이야기를 말레트의 놀라운 상상력과 재능이 탄탄하게 뒷받침한다. 평화를 바라는 모든 이가 읽어봐야 할 책이다."

앤드루 아이딘(Andrew Aydin)_만화《마치(March)》공저자

"이 책은 역사적으로 악한 편에 속했던 남자의 시점에서 이야기를 끌어가면서도 불의와 압제를 미화하거나 변명하지 않는다. 그들의 진부한 악의를 조금이라도 숨기거나 그럴듯하게 꾸미지 않고, 오히려 있는 그대로 만천하에 폭로한다. 또한 이 책은 '이성과 공감이 평화와 진보의 토대'라는 핵심 메시지를 전한다는 점에서 대단히 중요한 의미가 있다."

비타 아얄라(Vita Ayala)_만화 《와일드(The Wilds)》, 《라이브와이어(Livewire)》 저자

"칼린은 남아공이 아파르트헤이트를 종식시키기 위해 걸어온 투쟁의 역사를 새로운 접근법으로 풀어낸다. 만델라의 숙적이었던 콘스탄드 빌욘 장군의 입을 통해 이야기를 전개한 것이다. 변화를 상징하는 이타적 인물인 만델라를 빌욘의 눈으로 바라보는 건 대단히 불편한 일이다. 그러나 그 과정에서 이 책을 관통하는 가장 중요한 주제, 즉 인간성의 회복이 효과적으로 드러난다. 이 책은 문화적 충돌을 겪고 있는 우리 시대의 필독서로서, 서로가 서로를 인간으로 볼 때 얼마나 많은 것을 이룰 수 있는지를 생각하게 한다."

콴자 오사제포(Kwanza Osajyefo)_만화 《블랙》 저자

"남아공의 반(反)아파르트헤이트 운동이 심각한 학살로 이어지는 것을 막은 비밀 협상을 간결한 이야기로 풀어냈다. …… 이야기는 주로 등장인물 간의 대화를 통해 진행되지만, 가장 눈길을 끄는 부분은 말이 아닌 그림이다. 말레트는 협상이 이루어지게 된 역사적 맥락을 그림을 통해 명쾌하게 보여준다. 핵심을 파고드는, 대단히 매력적인 이야기다."

<커커스 리뷰(Kirkus Reviews)>

"만델라가 빌욘을 설득해 인종 전쟁을 막고 평화로운 협력을 이끌어내는 과정은 오늘날의 양극화된 정치 세태를 해결하는 데 훌륭한 이정표가 되어준다. …… 공감이 갈등 완화에 얼마나 큰 힘을 발휘하는지를 보여주는 이 이야기는, 수많은 화해 시도가 암울한 결과로 이어지고 마는 현실에서 더욱더 가치를 발휘한다. 분쟁 해결, 사회정의, 아프리카 역사에 관심 있는 사람이라면 누구나 매혹될 것이다."

<라이브러리 저널(Library Journal)>

"분쟁 당사자인 양측의 입장을 모두 꿰뚫는 통찰력 있는 이야기다. …… 말레트는 신중하게 고른 몇 가지 색깔만으로 당사자들의 행위는 물론 당시의 분위기까지 포착해낸다. 특히 만델라와 빌욘에 대한 묘사는 사실적이면서도 결코 부자연스러운 기계적 모방에 그치지 않는다. 빌욘이 더 큰 선을 추구하기 위해 동료들을 저버리는 모습이 특히 인상적이다."

<포워드 리뷰(Forward Review)>

넬슨 만델라의
위대한 협상

존 칼린(John Carlin) 지음

영국 일간지 〈인디펜던트〉의 남아공 특파원으로 부임해 만델라와 빌욘을 취재했다. 《만델라를 이해하다(Knowing Mandela)》와 《인빅터스 -우리가 꿈꾸는 기적(Playing the Enemy)》을 썼고, 그중 후자는 클린트 이스트우드 감독의 〈인빅터스〉라는 영화로 만들어졌다.

오리올 말레트(Oriol Malet) 지음

카탈로니아 출신의 삽화가. 스페인에서 다양한 잡지의 표지 삽화가로 활동 중이다.

김정은 옮김

서울대학교에서 외교학을 전공했다. 졸업 후에 국제무역과 금융에 대한 관심을 바탕으로 한국무역보험공사에서 근무하다 번역 작업에 매력을 느껴 번역가의 길에 들어섰다. 현재 펍협번역그룹에서 전문 번역가로 활동하고 있다. 《자이언트》, 《아이처럼 놀고 배우고 사랑하라》, 《숫자 갖고 놀고 있네》 등을 우리말로 옮겼다.

장용규 감수

한국외국어대학교 스와힐리어과(현재 아프리카학부)를 졸업하고, 남아공 콰줄루나탈대학교에서 인류학 박사학위를 받았다. 현재 한국외국어대학교 아프리카학부 교수로 재직 중이다. 《무지개 나라를 꿈꾸는 남아프리카공화국 이야기》, 《세계 민담 전집 4 - 남아프리카 편》, 《춤추는 상고마》 등을 썼다.

MANDELA ET LE GÉNÉRAL

넬슨 만델라의
위대한 협상

정치 양극화를 극복하고 문화 충돌에 맞서다

존 칼린, 오리올 말레트 지음
김정은 옮김 | 장용규 감수

장용규_한국외국어대학교 아프리카학부 교수

1996년 5월의 어느 날, 내가 유학 중이던 남아공 콰줄루나탈대학교에 넬슨 만델라 대통령이 방문한다는 소식이 퍼졌다. 대통령을 직접 볼 수 있는 흔치 않은 기회였다. 대통령 방문 당일, 나는 일찌감치 체육관으로 향했다. 하지만 체육관은 이미 발 디딜 틈조차 없었다. 그런데 운 좋게도 외국인 학생이라는 이유로 배려를 받아 체육관 2층의 가장 앞자리에 앉을 수 있었다. 대통령이 오기까지 한 시간은 족히 남아 있었다. 체육관 1층은 이미 축제 분위기였다.

시간이 얼마나 흘렀을까? 아래층에서 술렁임과 함께 괴성이 터져 나왔다.

대통령이 도착한 것이다.

춤과 노래, 그리고 괴성에 가까운 환호성. 대통령을 조금이라도 가까이서 보려는 사람들이 체육관 통로로 밀물처럼 밀려들었다. 대통령이 체육관 맞은편에 마련된 연단까지 가는 데 30분 이상은 걸린 듯하다. 대통령은 연단 옆에서 환영가를 부르던 합창단 앞으로 다가가더니 엉거주춤 춤을 추기 시작했다.

또 다른 환호와 비명. 만델라 대통령은 '아이돌'급 스타였다.

그날, 만델라 대통령은 '말'의 진수를 보여줬다. 남아공의 평화와 공존, 인종 간 화합을 주장하는 그의 연설에 체육관을 채운 모든 사람이 흠뻑 빠져들었다. 특유의 아프리카식 영어 발음은 투박했지만 그 메시지는 강렬했다. 20년이 훌쩍 지난 지금도 그의 말을 잊지 못하는 이유다.

1948년부터 남아공을 통치해온 국민당(National Party)이 아파르트헤이트(Apartheid, 인종차별 정책)의 종식을 선언한 1990년, 남아공은 폭풍 전야였다. 아프리카인은 가슴에 '차별'을 받아온 앙금이 쌓여 폭발하기 직전이었다. 아파르트헤이트를 지지했던 아프리카너(Afrikaner)와 소수 유럽 정착민은 그동안 쌓아온 모든 것을 빼앗길 거라는 '공포'에 휩싸였다. 한 집단은 혁명을 이야기했고, 다른 집단은 반동을 꿈꿨다. 모두가 폭력을 앞세운 세상을 꿈꾸고 있었다. 실제로 아파르트헤이트 종식 이후 남아공 사회는 국가권력을 잡으려는 서로 다른 인종, 민족이 무력 충돌하는 무법 지대였다. 하루가 멀다 하고 테러와 폭동이 일어났다. 희생은 무고한 시민의 몫이었다.

******

1652년 남아공 케이프타운에 기항지를 구축했던 네덜란드동인도회사 직원들은 퇴직 후 영구 정착을 선택했다. 스스로를 '보어(Boer, 농부)'라고 부른 이들은 곧 네덜란드뿐 아니라 프랑스와 이탈리아 등 유럽 지역에서 건너온 이주 정착민과 뒤섞여 독특한 유럽인 공동체를 만들어나갔다. 하나님의 부름을 받아 남아공을 문명화해야 한다는 '선민의식'에 사로잡힌 유럽 정착민은 이웃해 있던 아프리카인 선주민 사회를 정복해나갔다. 결국 이들은 자신들의 뿌리가 아프리카에 있음을 강조하고자 스스로를 '아프리카너'라고 부르기 시작했다. 아프리카너들은 후에 국민당을 창당하고 1948년 정권을 잡아 아파르트헤이트 정책을 실시했다.

아파르트헤이트는 '분리(apart-)주의(-heid)'를 의미한다. 남아공에 살고 있는 다양한 인종은 자신들의 문화와 전통을 유지하기 위해 각자 격리된 공간에서 살아가야 한다는 주장을 실현한 것이 아파르트헤이트다. 일견 설득력이 있어 보이는 주장이었다. 하지만 실제 아파르트헤이트는 아프리카너의 순수 혈통을 보존하기 위해 아프리카인과 피를 섞지 않겠다는 아프리카너의 정치적 표현이었다. 이를 위해 국민당은 아프리카인 사회를 열 곳의 반투스탄(Bantustan, 보호구역)으로 구분해 아프리카인을 강제 이주시켰다. 그 결과 남아공 전체 인구의 80퍼센트가량인 아프리카인에게는 남아공 전체 토지의 약 30퍼센트가 돌아간 반면, 남아공 인구의 15퍼센트가량에 불과했던 유럽 정착민은 남아공 토지의 노른자위를 독차지했다.

국민당은 물리적 분리에 만족하지 않고 결혼금지법과 성관계금지법 등 각종 차별법을 만들어 분리 정책을 강화했다. 국민당은 정치권력은 물론 경제력과 군사력을 장악했다. 아프리카인은 국가 운영에서 철저하게 소외된 채 단순 노동자로 착취를 당했다.

억압의 시간이 길어질수록 아프리카인의 저항도 커져만 갔다. 1970년대와 1980년대를 거치며 저항은 더욱 격렬해져갔다. 그 중심에는 아프리카민족회의(African National Congress, ANC) 산하 무장 단체인 '아프리카의 창(Umkondo we Sizwe)'과 정부 비밀경찰 세력이 있었다. 상대에 대한 암살과 테러가 이어지며 남아공은 파국의 길로 달려갔다.

수세에 몰린 것은 국민당이었다. 국제사회의 압박과 아프리카인의 저항은 정부가 감당할 수 준을 넘어섰다. 국민당은 결국 백기를 들고 아파르트헤이트의 종식을 선언했다. 하지만 남아공 의 핏빛 분위기는 한계점을 향해 달려가고 있었다. 아프리카인은 복수를 원했다. 아프리카너는 역사적 패배에 분노했다. 또 다른 위기가 엄습하고 있었다. 폭력과 테러가 일상이 되었다.

******

만델라의 등장은 운명이었다. 코사(Xhosa)사회 귀족 출신이며 법률가였던 만델라는 1940년 대에 ANC청년연맹을 이끌며 반아파르트헤이트 운동의 선봉에 선다. 만델라는 한때 아파르트 헤이트 정권의 무자비한 탄압에 맞서 무장투쟁을 벌이기도 했다. 1962년에 체포 수감된 만델 라는 1964년에 국가반역죄로 종신형을 선고받았다. 만델라의 평화와 공존 사상은 그 이후에 형성된 것으로 보인다. 케이프타운 앞바다 로벤섬 교도소에 수감된 만델라는 교육받지 못한 백 인 교도관을 교육해 '교수님'으로 불리기도 했다. 만델라의 조용한 옥중 투쟁은 국제사회의 관 심을 끌었다. 아파르트헤이트 정권이 굴복하게 된 결정적 계기는 아이러니하게도 만델라의 게 릴라식 무장투쟁이 아니라 감옥에서 벌인 평화적 투쟁이었다.

남아공 역사 전면에 등장하지는 않지만 이 위기의 시절에 또 한 명의 영웅이 등장한다. 바로 아프리카너 사이에서 절대적 추앙을 받던 콘스탄드 빌욘(Constand Viljoen) 장군이다. 당시 만델 라의 공식 대화 상대는 대통령이던 프레데리크 빌렘 데 클레르크(Frederik Willem de Klerk)였다. 이 둘은 아파르트헤이트 이후 국가 건설을 위해 대화했다. 일부 아프리카너 강경파는 데 클레 르크를 나라를 팔아먹은 '배신자'로 간주하고 저항의 결의를 다지고 있었다. 빌욘은 이들 강경 파의 거센 목소리를 잠재우고 만델라와 타협을 이끌어냈다. 평생을 보수적인 사회에서 살아왔 지만 합리적 이성과 판단력을 갖추었던 빌욘 장군은 상대의 인품을 파악하고 그에 맞는 예우를 할 줄 알았다.

만델라 대통령과 관련된 책은 국내에도 여러 권 출간되었지만 그래픽소설의 형식을 빌린 《넬슨 만델라의 위대한 협상》은 보다 쉽고 흥미롭게 만델라의 매력을 느끼게 해준다. 정치, 사 회, 문화적으로 온갖 갈등을 겪고 있는 우리나라의 독자들에게, 공감과 관용, 비폭력으로 갈등 에 맞서 평화를 얻은 만델라의 화해 정신이 깊은 통찰의 기회를 제공하기를 바란다.

나는 1989년부터 1995년까지 남아공 요하네스버그에서 영국의 일간지 〈인디펜던트〉의 특파원으로 일했다. 엄청난 행운이었다. 가장 가까운 자리에서 역사적인 장면들을 목도하는 영광을 누렸다. 만델라는 죄수에서 한 나라의 대통령으로 선출되는 놀라운 드라마를 만들어냈고, 아파르트헤이트라고 알려진 인종차별주의자들의 폭압은 힘겨운 과정을 거쳐 마침내 종식되었으며, 1652년 유럽 이주자들이 남아공 땅에 처음으로 발을 내디딘 이래 최초로 남아공에 민주주의가 확립되었다.

하지만 권력이 자신의 손아귀에서 빠져나가는 것을 모든 백인이 순순히 받아들인 건 아니었다. 그중에서도 가장 크게 반발한 건 적의와 두려움으로 가득한 무장 농민들이었다. 그들은 퇴역 군인인 빌욘 장군의 지휘 아래 흑인의 지배를 막기 위한 전쟁에 나서기로 결의했다. 만델라는 평생 자유를 위해 싸워오면서 무자비한 적들을 끊임없이 마주했지만 빌욘 장군은 그 누구보다도 위험한 상대였다. 그는 수많은 남아공 백인에게 추앙받는 전설적 지도자였다.

만약 빌욘 장군과 그를 추종하는 극우 세력을 격파하지 못한다면 남아공의 민주주의는 심각한 위험에 직면할 터였다. 만델라가 경고한 대로 온 나라가 피바다로 물들어버릴 수도 있었다.

만델라는 본능이 시키는 대로 행동했다. 무기가 아니라 말로써 싸운 것이다. 그는 어떤 폭력도 동원하지 않고 오직 이성과 인간적 매력에 의지했다. 그는 남아공의 흑인들을 해방시킨다는 일생일대의 도전을 성공으로 이끌기 위해 빌욘 장군을 직접 대면하기로 마음먹었다. 만델라의 목표는 극우 세력을 무장 해제시키고 전쟁 선언을 철회하도록 하며, 인종차별적 정치 질서에서 벗어나 새로운 정치체제를 받아들이도록 빌욘 장군을 설득하는 것이었다. 일견 불가능해 보이는 목표였다.

만델라가 인간적 매력을 통해 빌욘 장군을 변화시킨 믿기 어려운 이야기를 쓰면서, 나는 만델라와 가졌던 수차례의 개인적 만남으로부터 큰 도움을 받았다. 그리고 운명적 사건이 벌어지고 몇 년 후, 케이프타운의 어느 해변 술집에서 빌욘 장군을 직접 만나서 들은 놀라운 이야기들은 이 책의 토대가 되었다. 나는 빌욘 장군의 일란성쌍둥이 형제 브람 빌욘을 만나기도 했는데, 그 역시 남아공에 평화를 정착시키는 데 눈에 띄지는 않지만 중대한 역할을 한 인물이었다.

존 칼린

1994년 2월 11일, 넬슨 만델라와 존 칼린의 만남

차례

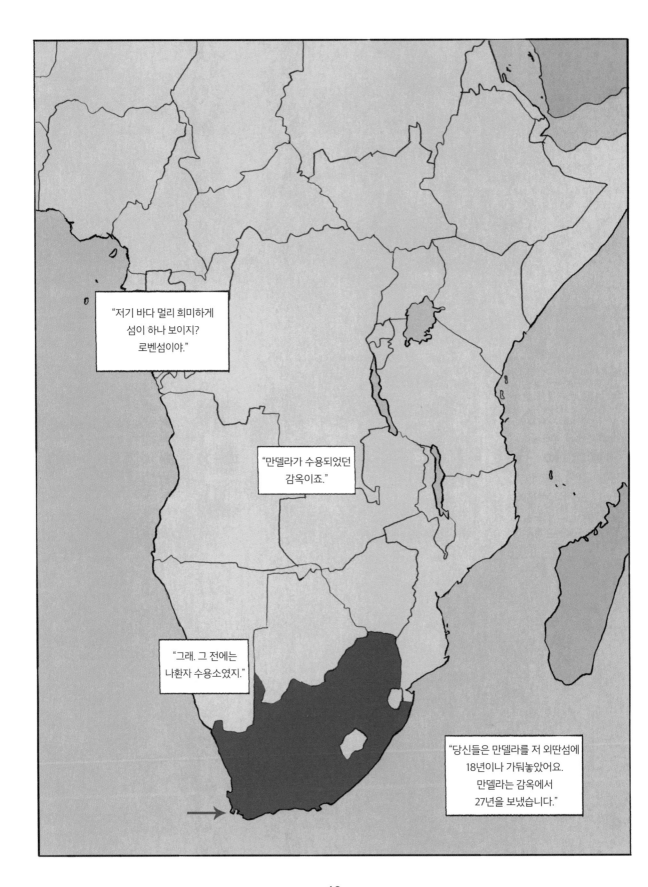

11

난 군인이었고,
만델라는 테러리스트였어.

가장 위험한 적군이었다고.

그는 본인이
흑인의 해방을 위해
싸운다고 말했지.
하지만 내게도 백인 문명을
수호한다는 의무가 있었어.

그 당시 흑인들의 역할은
우리를 섬기는 거였네.

장군님….

"내가 어리고
앞길 창창한
군인이던 시절에는
상황이 지금과는
완전히 달랐어.
1964년의 어느 화창한
겨울날, 가족들이 있는
농장으로 휴가를
간 때가 떠오르는군.
그날은 절대로
잊을 수가 없지.
아직도 기억이 생생해."

주인님, 어서 오세요.

콘스탄드, 이리 와보렴.
브람이 바비큐를 굽고 있어.

어머니,
저 왔어요.

네? 제 쌍둥이 동생 브람이 요리를 한다고요?
무슨 좋은 일이 있기에
우리가 이런 호사를 누리는 건가요?

또 왜 그래, 콘스탄드. 오늘만큼은 기분 좀 내자!
축하할 일이 뭔지는 너도 잘 알잖아.

13

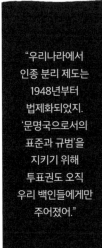

"우리나라에서 인종 분리 제도는 1948년부터 법제화되었지. '문명국으로서의 표준과 규범'을 지키기 위해 투표권도 오직 우리 백인들에게만 주어졌어."

버스가 빨리 와야 할 텐데. 이러다 주일 미사에 늦겠어요.

통행증 꺼내봐.

저것 좀 봐, 날레디….

무슨 문제라도 있습니까, 경관님?

흠, 아직은 없군. 왜, 바쁜 일이라도 있나, **카피르**®?

아닙니다, 경관님….

● **카피르**(kaffir): 흑인을 모욕적으로 이르는 말.

가던 길 가라.

그쪽 쳐다보지 마, 켈렛소! 우리까지 곤란해지겠어. 버스 타, 얼른!

17

그래도 다행이야.

"아프리카의 남쪽 끝, 이 아름다운 땅의 주인은
바로 우리가 되어야 합니다. 그것이 바로 하나님의 뜻입니다."

"언젠가 우리가 영원한 축복 속에
창조주의 품에 안기는 날이 오면…"

"우리는 이 세상에서 그랬듯 영원히 귀한 대접을
받을 것입니다. 성서는 우리가…"

"전능하신 분으로부터 세상의 귀한 것들을
모두 부여받은, 선택받은 우리 민족이…"

"천국에서…
열등한 인종들은
발을 들일 수 없는
우리만의 천국에서,
우리에게만 주어진
이 특권을 계속 누릴 것임을
예언하고 있습니다.
그것이 바로 하나님께서
이 세상을 통해 이루고자
하시는 바입니다."

"불경한 공산주의의
위협으로부터
국민들을 보호하기
위해 우리는 주변의
아프리카 국가들과
전쟁을 벌였어.
그때 나는 진급해
장군이 되었지."

장군님! 돌아오세요!

위험합니다!

너희, 부상병을 안전한 곳으로 옮겨! 내가 엄호하겠다!

투항해! 안 그러면 쏜다!

이 공산주의자 놈을 제대로 손봐줘라.

"1980년 피터르 빌럼 보타 대통령께서 나를 남아공 국군 총사령관으로 임명하셨어. 남아공의 육해공군이 모두 내 지휘 아래 놓이게 된 거야."

"놈들은 폭력성을 드러내기 시작했지."

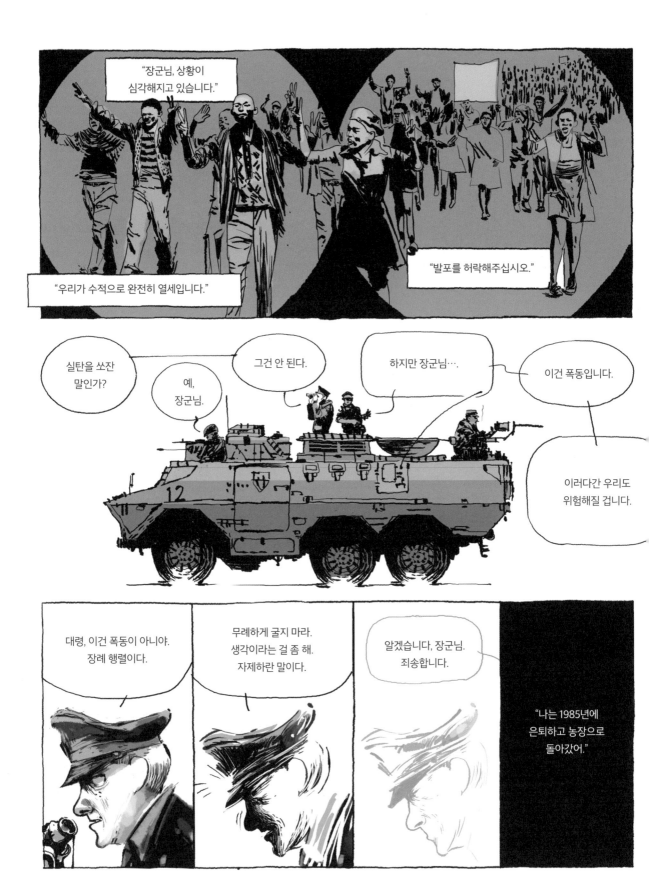

24

"최고의 자리에서 군 생활을 마친 거야."

"하지만 은퇴한 나에게는 아무런 힘도 없었네.
조국은 끝없는 어둠 속으로 추락하고 있었는데 말이야."

탕! 탕! 탕!

"절망적이었지…
우리 수도 프리토리아에서는…"

"바렌트 스트레이돔
(Barend Strydom)이라는 남자가
흑인들에게 총격을 가하는
사건이 벌어졌어."

"9mm 권총으로 아무 흑인이나
마구 쐈다더군."

"무고한 행인을 일곱 명이나 죽이고서도 그놈은 자신이 백인들의 영웅이 되었다고 생각했어."

"놈은 스스로를 '하얀 늑대'라고 불렀네."

"틀린 말은 아니었어. 그는 한 마리의 들짐승이었으니까."

"신문에서는 그를 '미소의 암살자'라고 불렀지."

"안타깝게도 일부 백인들은 그놈을 정말 영웅이라고 생각했어…."

"하지만 놈은 잔인한 범죄자였을 뿐이야.
백인들의 대의를 짓밟아버린 멍청한 반역자였지."

그 총기 난사 사건으로 인해
남아공 백인 정부가
국제사회로부터 거센 압력을
받게 되었기 때문인가요?

그래. 하지만 압력은
국내에서도 점점 심해졌네.
흑인들의 저항이 어느 때보다도
심각해졌지.

결국 정부는 만델라를
석방해 여론을
잠재울 수밖에
없었죠.

그건 터무니없는
결정이었어.

1990년 2월 11일, 71세의 만델라는 감옥에서 보낸 어두웠던 27년을 뒤로하고 케이프타운의 여름 햇살 속으로 성큼성큼 걸어 들어갔다.

정부가 우리를 배신했어.

우리 국민은 심각한 위험에 빠지게 될 거야.

"저는 지도자가 아닌 충실한 종복으로서 여러분 앞에 섰습니다

저들도 우리 국민이야.

해방의 날이
다가오고 있습니다!

"만델라는 자신을 석방시켜 준 프레데리크 빌렘 데 클레르크 대통령과 만났어."

이제 정치적 해법을 찾기 위해 힘을 모아야 합니다. 백인들의 공포와 흑인들의 열망을 조화롭게 풀어내야 합니다.

"만델라의 ANC*와 데 클레르크 정부가 협상을 시작했다는 소식을 듣고 나는 경악했지. 그들의 목표는 급진적인 정치 변혁이었어. 요하네스버그 공항 근처에서 회담이 열렸다더군."

세계무역센터

ANC

• ANC: 아프리카민족회의(African National Congress).

36

"나뿐만이 아니라, 수많은 국민이 당시 상황을 대단히 우려했어. 꼭 백인들만 그런 것도 아니었고."

프리토리아 외곽 군사기지

만델라가 정권을 잡으면 우리 중 누구도 무사하지 못할 겁니다.

할 수 있는 일은 뭐든지 해야 합니다. 무슨 수를 써서라도 막아야 합니다!

당신, 믿어도 되는 거겠지?

만델라에게 우리는 배신자일 뿐입니다.

만약 만델라에게 권력이 넘어가면 그쪽 사람들은 가장 먼저 우리 목을 매달 겁니다.

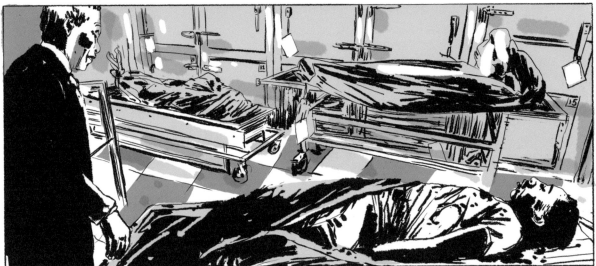

흑인 통치 아래서 우리를 기다리는 건 바로 이런 악몽들뿐입니다.

흑인 폭력 사태 심화

결국 이 땅에서 우리를 쫓아낼 겁니다.

공산주의자들이 교회도 전부 폐쇄할 테고요.

맞습니다, 장군님. 흑인들은 우리의 언어마저 말살할 겁니다.

해결책은 오직 하나뿐입니다. 백인들만의 나라를 세워서 만델라와 그를 추종하는 미개인들로부터 스스로를 보호해야 합니다.

장군님, 도와주십시오. 우리를 이끌어주십시오!

"바로 그때, 나라 전체를
전례 없는 위험 속으로
몰아넣은 사건이 벌어졌어.
흑인들 사이에서
엄청난 지지를 받던
크리스 하니(Chris Hani)라는
인물이 있었어. 공산주의자였고,
ANC에서 나처럼
군대를 이끌고 있었지. 당연히
만델라의 뒤를 이을 거라고
여겨지는 인물이었어."

1993년 4월, 요하네스버그

크리스!

?

탕!
탕!
탕!

47

그 연설을 듣고도 만델라에 대한 생각이
바뀌지 않으셨습니까?

전혀. 만델라가 상황을 진정시켰다는 건
나도 인정해. 하지만 애초에 호랑이의
목줄을 푼 것도 바로 만델라였어.

우리 쪽 사람들은 그 어느 때보다도
두려워하고 있었다고.

우리 정부마저 만델라의 요구라면
무엇이든 들어주고 있었으니까….

"얼마 후 농장으로 손님들이 찾아왔어.
후에 돌아보니 그날이 바로 운명의 날이었지…"

장군님….

어서들 오시오.

빌욘 장군님, 제가 누구인지는 알고 계실 줄로 압니다.
유진 테르블랑슈(Eugene Terre'Blanche)입니다.

'아프리카너저항운동(Afrikaner Resistance Movement)'을
이끌고 있습니다.

저는 '하얀 늑대들(White Wolves)'의
대표입니다!

'공산주의반대운동
(Resistance Against Communism)'
대표입니다!

'백인해방운동
(White Liberation Movement)'
대표입니다!

자네들 조직에 대해서는
알고 있다.

농장에 박혀 있어도
바깥소식은 늘 주시하고 있지.

여긴 왜들
온 건가?

만델라와 그 야만인들이
조국을 강탈하는 꼴을
두고 볼 수는 없습니다.

당장 일어서야 합니다.
무기를 들고 테러리스트
공산주의자들을
무찔러야 합니다!

우리 쪽 세력이 너무 분산되어 있습니다.
장군님은 남아공 군대의 살아 있는 전설
아니십니까. 우리를 하나로 묶어주십시오.
그것만이 만델라를 막을 유일한 방법입니다.

그 길밖에는
없습니다.

맞습니다!

"난 군인이었어."

"정치에 대해서는 전혀 몰랐지."

"하지만…."

드디어 가장 중요한 분을 단상에 모실 때가 왔습니다. 이분의 지휘를 받을 수만 있다면 저는, 설령 일개 병사로서 이분을 모신다 해도 대단한, 아주 대단한 영광으로 생각할 것입니다. 우리 아프리카너의 위대하신 영웅을 소개합니다.

콘스탄드 빌욘 장군님!

장군님! 장군님! 장군님!

모든 아프리카너는 철저한 준비 태세를 갖추어야 합니다.

모든 농장과 학교가 표적이 될 것입니다.

피할 수 없는 피의 전투가 다가오고 있습니다.

그러나 우리는 기꺼이 목숨을 바칠 것입니다. 그것이 바로 정의이기 때문입니다.

아프리카너의 해방을 위한 투쟁이 시작되었습니다!

장군님을 따르라! 장군님을 따르라! 장군님을 따르라! 장군님을 따르라!

"우리는 ANC와 정부가 협상을 벌이던 세계무역센터 앞에서 첫 번째 무력시위를 벌였어."

"하지만 내 생각에 아직은 격렬하게
대치할 때가 아니었거든.
결국 나는 내 지지자들과 경찰 사이에서
일종의 중재자 역할을 할 수밖에 없었다네."

세계무역센터

ANC에
죽음을

AWB

"상황이 최악으로 치닫는 건 막았지만,
우리 쪽 사람들을
제대로 통제하지는 못했어."

어쩌면 좋아요!

건물 안까지
침입하다니….

하나님, 피, 전쟁

백인 국가

쓰레기 같은 정치가 놈들, 다 어디 간 거야?

사무실 안에 꽁꽁 숨어서 쥐새끼들처럼 벌벌 떨고 있어.

테르블랑슈!

왜 그러십니까, 장군님?

부하들을 내보내게.

당장.

"그때 누구 하나 다치지 않은 건 기적이었어."

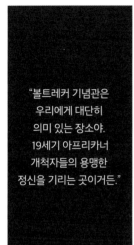

"볼트레커 기념관은 우리에게 대단히 의미 있는 장소야. 19세기 아프리카너 개척자들의 용맹한 정신을 기리는 곳이거든."

일단은 병력을 5만 명 정도는 모을 수 있을 듯합니다.

무장 병력인가?

군사훈련은 받은 자들이고?

그렇습니다.

장군님 밑에서 전쟁을 치른 자들도 많습니다. 모두 장군님을 존경합니다.

좋아. 이제 전국을 돌아야겠다.

조심스럽게.

전국 곳곳에 비밀 조직을 만들고, 약속된 날 결정타를 날릴 것이다. 우리의 자유를 위해.

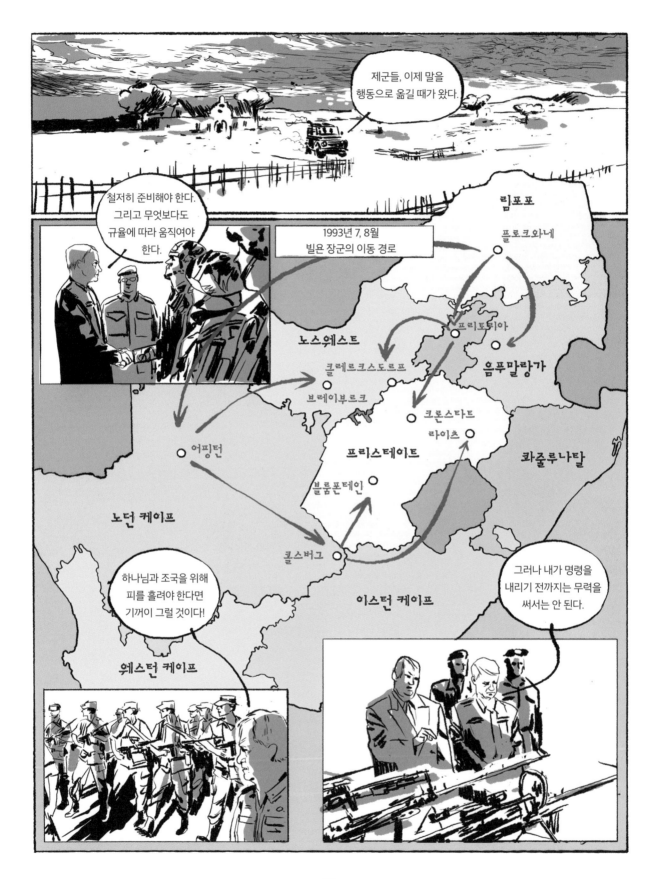

64

장군님, 만나 뵙게 되어 영광입니다.

지난밤 제 아내가 꿈을 꾸었다고 합니다.

장군님께 말씀드려, 카리나.

꿈속에서 제가 잠을 자는데…

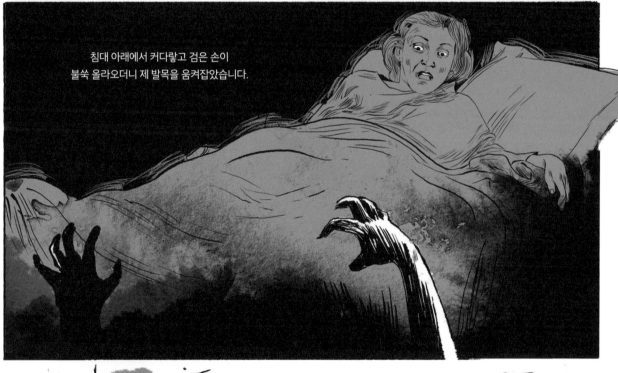

침대 아래에서 커다랗고 검은 손이 불쑥 올라오더니 제 발목을 움켜잡았습니다.

아내는 비명을 지르며 깼습니다.

그랬겠군….

"그들은 민주주의를 피로 물들이려고 합니다. 우리를 테러리스트라며 비난하던 자들이 이제는 스스로 테러리스트가 되었습니다."

이래도 안 됩니까?

따르릉! 따르릉!

브람! 어쩐 일이야?

콘스탄드, 만나자.

1993년 10월 요하네스버그, 만델라의 집

아, 어서 오십시오, 장군님. 만나 뵙게 되어 정말 기쁩니다! 말씀 많이 들었습니다.

초대에 응해주셔서 정말 감사합니다.

아…, 별말씀을요….

차 드시겠습니까?

예, 주십시오.

우유도 넣어드릴까요?

조금만
넣어주시지요.

설탕은요?

한 숟가락
넣어주십시오.

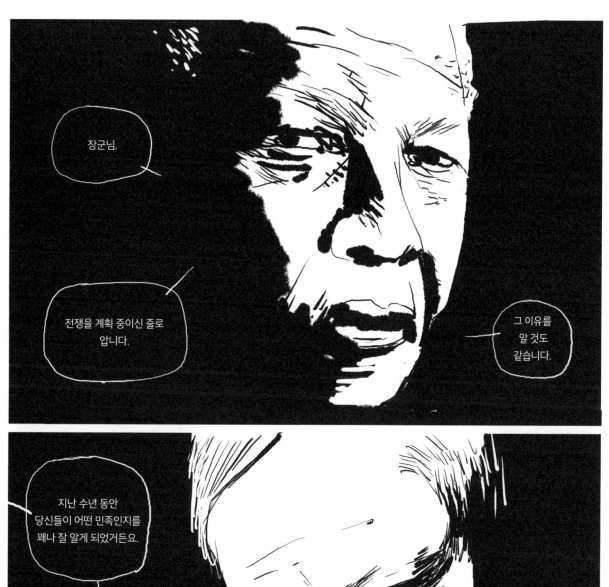

장군님께서 이 나라에 끔찍한 유혈 사태를 일으킬 수 있는 무력과 병력을 갖추었다는 사실도 알고 있습니다. 장군님의 군대는 우리 군보다 강하지요. 하지만 수적으로는 우리가 우세합니다. 국제사회의 지지도 받을 테고요.

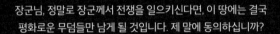

장군님, 정말로 장군께서 전쟁을 일으키신다면, 이 땅에는 결국 평화로운 무덤들만 남게 될 것입니다. 제 말에 동의하십니까?

만델라 씨, 솔직히 동의하지 않는다고는 말 못하겠군요. 나도 전쟁이 어떤 것인지는 잘 압니다. 죽은 병사들의 아내와 어머니에게 소식을 전하는 일이 얼마나 끔찍한지도 잘 알고요.

당장 가서 각자의 지지자들에게 이야기를 해봅시다. 다들 너무 오랜 기다림에 지쳐가고 있어요. 하지만 장군님과 저는 조만간 또 만나서 대화할 기회가 있을 줄로 믿습니다.

우리는 앞으로도 계속 만나야 합니다. 조심스럽게 만나서 장군님 쪽 사람들이 느끼는 두려움과 저희 쪽 사람들이 품고 있는 정당한 열망을 조화롭게 풀어갈 방법을 찾아봅시다.

좋습니다, 만델라 씨. 최소한 노력은 해봐야겠지요.

그럼 동의하신 줄로 믿겠습니다. 우리의 목표는 평화여야 합니다. 양쪽 사람들의 평화로운 공존 말입니다.

놀랐다는 것만은
부인하지 않겠네.

대단한 인물이더군.

이런저런 생각에 머리가 복잡해졌지.

그러나 현실은 변함없었어.
우리 쪽 사람들은 그 어느 때보다도
두려워하고 있었으니까.

* **성 제임스 교회에서 학살**: 1993년, 아자니아인민해방군(Azanian People's Liberation Army)이 헌법 협상을 방해하기 위해 케이프타운의 교회에서 벌인 테러.

흑인 간 폭력 심화

흑인 거주지 학살의 배후 세력은?

불타는 흑인 거주지를 바라보는 경찰

● **흑인 간 폭력 심화:** 아파르트헤이트는 아프리카인을 각기 다른 민족으로 갈라놓았다. 1990년 이후 각 민족은 국가 운영과 관련된 이권을 챙기기 위해 다른 민족에게 일상적으로 폭력을 행사했다.

1993년 11월 요하네스버그, ANC 본부, 셸 하우스

플랑가 1번지

파시스트인 빌욘을 만나시다니,
크게 실수하신 겁니다!

우리는 평화를 원합니다.
하지만 그걸 위해 적에게 무릎을
꿇고 사정까지 해야 하나요?

흑인으로서 품위는
어쩌고요?

옳소! 우리가
겁쟁이란 말이오?

저 백인 쓰레기들을 상대할 힘도
충분히 있잖습니까!

우리가 언제까지
참아야만 합니까?

79

만델라를
만났다.

뭘 하셨다고요, 장군님?

정말이십니까?

직접 만나보니
어떠셨습니까?

우리말을
아주 잘 구사하더군.
정중하고 예의 바른
사람이었어.
정직해 보였고.

장군님,
지금 농담하시는 겁니까!

그의 말이
어느 정도 이치에 맞는다는 걸
인정할 수밖에 없더군.

흑인이요? 똑똑해요?
합리적이라고요?

내가 아는 어떤 사람들보다는
합리적이지….

만델라는 짐승입니다! 테러리스트고, 범죄자예요!
우리 민족을 증오하는 놈입니다!

그가 우리를 증오할지는 모르지만,
입장을 바꿔 생각해봐….

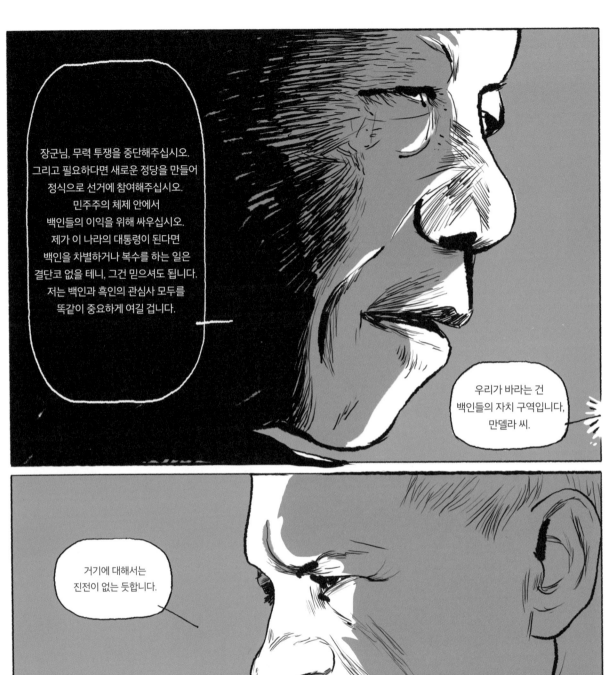

장군님, 무력 투쟁을 중단해주십시오.
그리고 필요하다면 새로운 정당을 만들어
정식으로 선거에 참여해주십시오.
민주주의 체제 안에서
백인들의 이익을 위해 싸우십시오.
제가 이 나라의 대통령이 된다면
백인을 차별하거나 복수를 하는 일은
결단코 없을 테니, 그건 믿으셔도 됩니다.
저는 백인과 흑인의 관심사 모두를
똑같이 중요하게 여길 겁니다.

우리가 바라는 건
백인들의 자치 구역입니다,
만델라 씨.

거기에 대해서는
진전이 없는 듯합니다.

장군께서 제안하신
백인 자치 구역에 대해서는
좀 더 논의해보시지요.
저는 인종과 종교, 피부색에
관계없이 모든 남아공 국민을 위한
정치를 하고 싶습니다.

어떤 생각이 드셨습니까,
장군님?

우리 민족의 운명이
내 결정에 달려 있었어.
스스로에게
두 가지 질문을 해야 했지.

우선,
'만델라는 믿을 만한
인물인가?'

답은 점점 더 '그렇다'로 기울고 있었어.

또 하나, '만델라가 다른 흑인들도
설득하고 있는가?'

그에 대한 대답 역시 '그렇다'에 가까웠어.

그리고 1994년 초, 브람은 만델라가 의장을 맡은 ANC 전국 간부 회의에 대한 이야기를 해주었어.

만델라는 '동지'들에게 다가올 권력에 대비하기 위해 여러 중요한 결정을 내려야 한다고 말했다더군. 가장 먼저 해야 할 일은 새로운 국가를 정하는 거였어.

음, 무엇보다도 기존에 백인들이 부르던 국가는 폐기해야 합니다.

맞습니다. 백인들의 아프리카 정복을 찬양하는 그 인종차별적인 노래를 더는 용납할 수 없지요.

역사의 쓰레기장으로 보내버립시다!

예부터 전해 내려온 저항의 노래 <신이여, 아프리카를 축복하소서 (Nkosi Sikelel' iAfrika)>가 새로운 국가가 되어야 합니다!

옳습니다!

1994년 1월 29일, 프리토리아

그 무엇도 우리 아프리카너 민족의 해방을 막을 수는 없습니다.

절대 안 됩니다!

옳소!

아무것도 우리를 막지 못한다!

무장을 하고, 필요하다면 죽을 각오까지 해야겠지만 그럼에도 폭력은 최후의 수단이 되어야만 합니다.

최대한 평화로운 방법으로 목표를 이루어야 합니다.

안 됩니다!

안 됩니다!

마음을 열고 가능성이 있는지를 생각해보자는 겁니다. 아프리카너 민족의 자치 구역을 무력이 아니라 정치적으로 압박해서 얻어낼 가능성 말입니다!

반역자!

유다!

잘했어, 콘스탄드.

잘했다고? 내가 뭘 했는데?

우리는 완전히 분열되었어. 내 사람들이 나에 대한 신뢰를 완전히 잃어가고 있다고.

넌 지금 진정한 지도자로서 시험대에 오른 거야, 콘스탄드. 사람들이 실수하고 있다면 너는 그걸 말해줘야만 해.

실수를 하는 건 바로 나인지도 모르지.

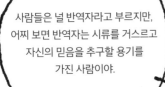

사람들은 널 반역자라고 부르지만, 어찌 보면 반역자는 시류를 거스르고 자신의 믿음을 추구할 용기를 가진 사람이야.

그게 바로 네가 하고 있는 일이고. 너는 새로운 현실에 잘 적응한 거야.

너는 모든 남아공 국민에게 충실했어.

네 편에게뿐만 아니라 모두에게 말이야.

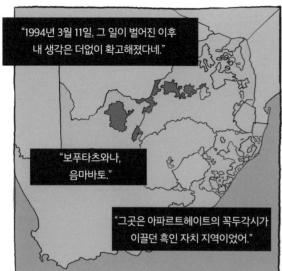

"1994년 3월 11일, 그 일이 벌어진 이후
내 생각은 더없이 확고해졌다네."

"보푸타츠와나,
음마바토."

"그곳은 아파르트헤이트의 꼭두각시가
이끌던 흑인 자치 지역이었어."

"ANC를 지지하는 거대한 군중이
시위를 벌이고 있었지."

"그리고 그때 테르블랑슈가 이끄는
AWB° 소속 중무장 병력을 태운
차량들 역시 음마바토를 향해
끝없이 몰려들고 있었어."

"ANC에 맞서기 위해서…"

"테르블랑슈를 포함해 많은 이가
술에 취해 있었지."

"그들은 흑인 시위자들을 향해
총을 몇 발 쐈지만 빗나갔어."

탕! 탕! 탕!

● **AWB**: 아프리카너저항운동(Afrikaner Weerstandsbeweging, Afrikaner Resistance Movement).

며칠 후, 빌욘의 농장

제군들, 자네들을 여기로 부른 건 중대한 사항을 전달하기 위해서다.

내게도 쉬운 결정은 아니었다. 어떻게 할지를 고민하느라 매일 밤 잠을 이룰 수도 없었다.

그러나 최근 AWB가 연루된 수치스러운 사건을 접한 뒤 내 생각은 확고해졌다.

그동안 하나님께 길을 보여 달라고 끝없이 기도했다….

그리고 답을 얻었지. 이 전쟁은 무가치하다. 우리에게는 무기가 있지만 병력이 부족하다. 또한 전 세계가 우리에게 등을 돌릴 것이다.

결국은 무의미하게 죽고 죽이는 일만을 반복하게 될 것이다.

장군님, 명예롭게 죽게 해주십시오!

"아프리카너자유전선(Afrikaner Freedom Front), 우리의 새로운 정당이 탄생한 고통스러운 순간이었어."

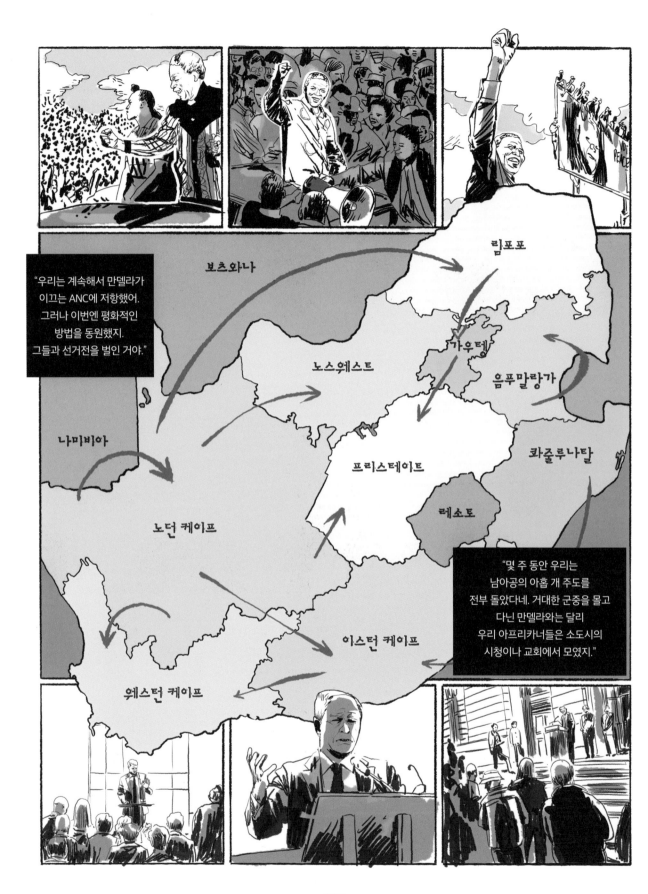

100

1994년 5월 12일 케이프타운,
국회 개회식

장군님,
여기서 뵙게 되니
정말 반갑습니다!

감사합니다, 장군님.

정말 감사합니다.

"그는 나의 대통령이었어. 나는 군인이었고. 그래서 군인으로서 마땅한 답을 했지."

그때 사람들은 내가 겁을 먹었다고 말했어요. 장군에게, 아프리카너들에게 손을 내밀었다는 이유로 나를 겁쟁이라고 불렀지요. 하지만 나는 그들과 논쟁하지 않았습니다. 아무 말도 하지 않았어요. 내가 옳다는 걸 알았으니까요. 그것만이 평화로 향하는 유일한 길이라는 걸 알고 있었으니까요. 그리고 얼마 후 그들도 내가 옳았다는 걸 알게 되었습니다. 결과가 말해주었으니까요.

우리는 평화를 얻었습니다.

넬슨 만델라는 2013년 12월 5일 95세를 일기로 평화롭게 눈을 감았다. 콘스탄드 빌욘은 지금도 자신의 농장에서 살고 있다.

빌욘 장군이
평화를 위협하다

1993년 11월, 영국의 일간지 〈인디펜던트〉에 실린 아래의 기사를 접하고 많은 사람이 놀라움을 금치 못했다. 남아공 지부장 존 칼린이 작성한 해당 기사에는 아프리카너민족전선(Afrikaner Volksfront, AVF)을 이끄는 콘스탄드 빌욘 장군의 발언이 담겨 있었는데, 그 내용이 대단히 적대적이었기 때문이다.

[···] 어제, 남아공 국군 총사령관 출신으로 분리주의 조직인 아프리카너민족전선을 이끌고 있는 빌욘 장군은 담화를 통해 우파들이 원하는 바는 무엇이며, 그것이 충족되지 않을 때 어떤 조치를 취할지에 대한 자신의 생각을 밝혔다. 그는 말했다. "상황이 좋지 않습니다." 그가 상황을 악화시키는 원인으로 꼽은 것은 투자자들의 신뢰 부족, 안전에 대한 위협, 특히 "이 나라 흑인들"의 위협, 빠른 정치적 해결을 기대하는 외세의 "과도한 압박", "순진한 이상주의"에 빠져버린 정부, 그리고 마찬가지로 순진한 믿음에 빠져 "즉각적인 국가 성립"이 가능하다고 주장하는 ANC 등이었다.

"국가를 건립하는 일은 그리 간단하지 않습니다. 마치 인스턴트커피를 타듯이 흰 우유와 갈색 설탕, 무색의 물을 넣고 아

〈인디펜던트〉 1993년 11월 10일자(위),
1990년 2월 12일자(아래)

무렇게나 휘젓는 식으로는 절대로 안 됩니다."

만약 정부와 ANC가 "개의치 않고 계속 밀어붙인다면 상황은 더욱 악화될 것"이다. 그렇다면 이들이 바라는 것은 무엇일까? 빌욘 장군은 말했다. "정부는 자유연합(Freedom Alliance)의 요구 사항을 전혀 수용하지 않고 있습니다." 다시 말해서 민족자결권, 즉 아프리카너 민족만의 분리 국가 건립에 대해 정부가 논의하지 않고 있다는 것이다. 이어서 말했다. "우파가 집단행동을, 심지어 무력행사를 할 수도 있습니다."

담화 후 빌욘 장군을 향해 질문이 쏟아졌다. 그 대부분은 '무력행사'의 정확한 의미를 묻는 것들이었다. 우파가 무장 폭동이라도 일으킬 것이라는 뜻일까? "어떤 정부든 아프리카너 민족이 수용할 수 없는 해법을 강제하려 든다면 자연스럽게 그런 일이 벌어질 겁니다."

열흘 전 아프리카너민족전선은 지지자들에게 동원령을 내리고, 무기를 정비하고 식량을 비축하라고 촉구했다. 이는 무엇을 의미하는가? "그게 반드시 전쟁을 준비하라는 뜻은 아닙니다. 단지 스스로를 방어할 수 있도록 대비하라는 것뿐입니다." 누구로부터 스스로를 방어한다는 것일까? "테러리스트 집단이죠…. 아프리카너 민족의 분노를 기억하십시오. 우리는 분노에 사로잡혀 자제력을 잃을지도 모릅니다."

- <인디펜던트> 1993년 11월 10일자 기사에서 발췌

죄수, 대통령이 되다

선거일로부터 몇 주 후인 1994년 6월, 넬슨 만델라 남아공 대통령은 존 칼린과의 인터뷰에서 흑인들의 열망과 백인들의 두려움 사이에서 중도를 밟아 나가고자 하는 결심이 여전히 유효하다고 말했다.

인터뷰를 시작한 지 10분쯤 지나자 백인 여성이 쟁반에 차 두 잔과 생수 한 잔을 받쳐 들고 대통령 접견실로 걸어 들어왔다. 대통령실 소속 하급 직원이었다.

어두운 색깔의 깔끔한 맞춤 정장을 갖춰 입은 만델라는 자리에서 벌떡 일어났다. "안녕하세요." 그는 미소 지으며 인사했다. "좋은 아침입니다." "좋은 아침입니다, 대통령님." 만델라는 이 여성을 우리에게 소개했다. 르노이 쿠체(Lenoy Coetzee)라는 여성이었다. "물 여기 있습니다, 대통령님."

"고맙습니다."

쿠체와 그 이상 이야기를 나눌 기회는 없었지만, 프리토리아 소재 정부 청사인 유니온 빌딩에서 꽤 오래전부터 일해온 것으로 보였다. 최소한 만델라가 대통령으로 취임한 5월 10일 이전부터 일해온 것만은 분명해 보였다.

<인디펜던트> 1994년 6월 8일자(위),
1992년, 넬슨 만델라와 존 칼린(아래)

(중략)

생각보다 정치적 변화에 잘 적응하는 백인들의 모습에 만델라는 놀라지 않았을까?

질문을 받은 만델라는 들뜬 모습이었다. "정말 그렇습니다. 맞아요. 방금 차를 가져다준 여성분을 보세요. 그들이 새로운 상황에 적응하는 모습은 정말 믿기지 않을 정도입니다. 정치인들, 예를 들어 데 클레르크 같은 분을 보십시오. 그분 역시 달라진 공적 지위에 잘 적응하고 있습니다. 혼자서만 돋보이려고 하지 않아요."

만델라는 이런 상황을 어떻게 설명할까?

"나는 그것이 사람이라고 생각합니다. 인간의 본성이지요. 사람들은 평화를 원합니다. 자기 자신과 자녀들이 안전하기를 바랍니다. 또한 다양한 집단에 속한 수많은 남성과 여성이 남아공의 발전에 기여하기를 원합니다. 모두가 그럴 기회를 잡은 셈이지요."

"텔레비전 방송에서 아프리카너 농장주가 선거에 참여하기 위해 흑인 일꾼들과 함께 줄을 서고, 심지어 그들과 잡담을 나누는 모습을 봤습니다. 정말 놀라웠어요. 꿈만 같았지요."

그는 미소 지으며 먼 곳을 응시했다. 마치 평생의 꿈이 이루어진 그 순간을 곱씹기라도 하는 듯. 그의 목소리는 서서히 잦아들었다. "대단했어요. 대단했지요…."

- <인디펜던트> 1994년 6월 8일자 기사에서 발췌

ANC에 관하여

아프리카민족회의(ANC)는 1912년, 종교 지도자, 변호사, 지식인, 전통 부족장 등이 모인 어느 회의를 통해 창립되었다. 활동을 이어오던 ANC는 1944년 ANC청년연맹이 만들어지면서 새로운 전기를 맞게 된다. 나중에 ANC에서 가장 중요한 역할을 수행한 넬슨 만델라와 다른 두 지도자(올리버 탬보Oliver Tambo, 월터 시술루Walter Sisulu) 역시 ANC청년연맹 출신이다. 1948년 국민당이 정권을 잡고 아파르트헤이트가 법제화되자, 그때부터 흑인들은 행동주의와 저항운동에 돌입한다. 1960년 정부는 ANC를 불법 집단으로 규정했고, 그에 대한 반작용으로 1961년 ANC의 군사 지부인 '아프리카의 창'이 만들어져 만델라의 지휘를 받게 된다. 1962년에 만델라가 체포되고, 1963년에는 다른 지도자들도 체포된다. 그리고 1964년, 유명한 리보니아 재판(Rivonia Trial)에서 만델라는 종신형을 선고받는다(해당 판결이 일으킨 사회적 파장은 생각보다 크지 않았는데, 애초에 검사 측이 사형을 구형했기 때문이다).

여전히 국민당이 정권을 잡고 있던 1990년, 데 클레르크 대통령은 ANC를 합법화하고, 만델라의 석방을 명한다.

1652

네덜란드인 얀 반 리베크(Jan Van Riebeeck)가 테이블만에서 케이프 식민지를 발견.

1912

아프리카민족회의(ANC) 창립.

1944

넬슨 만델라, ANC 가입.

1948

백인들만을 대상으로 개최된 선거에서 국민당이 권력을 잡음. 아파르트헤이트 제도화.

1975

공산주의 정부와 싸우기 위해 남아공 군대를 앙골라에 파견.

1964

만델라 종신형 선고.

1962

ANC 최초의 군사령관인 만델라 체포.

1956

콘스탄드 빌욘, 남아공 육군에 입대.

1976

흑인 거주 구역인 소웨토 지방에서 흑인 봉기가 일어남. 경찰과 대치하던 흑인 시위자 600여 명 사망.

1977

빌욘, 육군 참모총장으로 임명.

1980

빌욘, 남아공의 육해공군을 아우르는 총사령관으로 임명.

1984

흑인 시위 격화. 1985년 피터르 빌럼 보타 정부는 비상사태를 선포.

1993 5월

빌욘 장군의 주도하에 아프리카너민족전선(AVF) 창립.

1993 4월

크리스 하니 암살.

1990

만델라 석방. 정치 질서를 개혁하고 아파르트헤이트 이후의 시대를 준비하기 위해 ANC와 프레데리크 빌렘 데 클레르크의 국민당 정부가 협상을 시작함.

1985
빌욘 장군, 퇴임 후 농장으로 돌아감.

1993 6월

빌욘 장군을 추종하는 극우 세력이 ANC와 정부가 협상을 벌이던 세계무역센터에 침입.

1994 4월

모든 인종이 참여하는 남아공 최초의 민주 선거 개최.

1994 5월

5월 만델라 대통령 당선.

2013

만델라, 95세를 일기로 사망.

넬슨 만델라의 위대한 협상

초판 1쇄 인쇄 2019년 7월 31일
초판 1쇄 발행 2019년 8월 16일

지은이 존 칼린, 오리올 말레트
옮긴이 김정은
감   수 장용규
펴낸이 김한청

책임편집 박윤아   **편집** 김자영
디자인 이성아
마케팅 최원준, 최지애
펴낸곳 도서출판 다른

출판등록 2004년 9월 2일 제2013-000194호
주소 서울시 마포구 동교로27길 3-12 N빌딩 2층
전화 02-3143-6478   **팩스** 02-3143-6479   **이메일** khc15968@hanmail.net
블로그 blog.naver.com/darun_pub   **페이스북** /darunpublishers

ISBN 979-11-5633-259-6 03300